LES ORIGINES
DU DROIT CIVIL

DE L'ANCIENNE NORMANDIE

DISCOURS

PRONONCÉ

A la Séance solennelle de rentrée des Facultés de l'Académie de Caen

DU 18 NOVEMBRE 1875

par

M. Jules CAUVET

PROFESSEUR DE DROIT ROMAIN

CAEN

IMPRIMERIE DE F. LE BLANC-HARDEL

RUE FROIDE, 2 ET 4

1875

LES ORIGINES
DU DROIT CIVIL
DE L'ANCIENNE NORMANDIE

DISCOURS
PRONONCÉ

A la Séance solennelle de rentrée des Facultés de l'Académie de Caen

DU 18 NOVEMBRE 1875

par

M. Jules CAUVET

PROFESSEUR DE DROIT ROMAIN

CAEN

IMPRIMERIE DE F. LE BLANC-HARDEL

RUE FROIDE, 2 ET 4

1875

Monsieur le Recteur,

Monseigneur,

Messieurs,

Appelé à l'honneur de prendre la parole, au nom de la Faculté de Droit, devant cette imposante assemblée, j'ai dû, tout d'abord, me préoccuper de choisir un sujet emprunté aux études juridiques, qui me parût de nature à mériter d'attirer quelques instants son attention. Pour cela, j'ai cru ne pouvoir mieux faire que de vous parler de la législation ancienne de la province de Normandie.

L'amour pour la contrée natale cadre, en effet, parfaitement avec celui, beaucoup plus énergique, dont nous sommes redevables envers la France, notre chère patrie. Rappeler le passé honorable d'une de ses provinces les plus belles et les plus dévouées, n'est-ce pas concourir, dans la faible mesure de mes forces, à tresser, pour elle, cette couronne de glorieux souvenirs, qui doit la consoler de ses malheurs présents et lui présager un meilleur avenir?

L'ancienne législation normande, au point de vue du droit civil, le seul de ses côtés que j'entende examiner devant vous, peut être envisagée sous deux aspects divers. Le premier, son côté dogmatique, consisterait à décrire la nature et les variations des institutions principales qui concoururent à la former. Le second, mieux en harmonie, ce semble, avec le caractère de la solennité qui nous rassemble, se propose un but simplement historique. Obéissant à cette idée, j'essayerai de retracer brièvement, devant vous, les sources diverses qui, depuis la constitution de la Normandie en duché indépendant, en l'année 911, ont contribué à former son droit civil.

Il serait difficile, je pense, de déterminer avec précision le système législatif admis dans notre contrée, avant l'accomplissement de cet événement si capital pour elle. Dans son sein, comme dans les autres parties de la France, à l'époque de la dynastie mérovingienne, et sous la domination des premiers Carlovingiens, l'empire des lois civiles était personnel. Chacun était régi par la loi de la nation à laquelle il appartenait par son origine, sans que les Francs victorieux eussent entendu imposer leurs coutumes nationales aux Gaulois vaincus par leurs armes.

Cependant, cette personnalité des lois civiles, fruit nécessaire de la multiplicité des races diverses qui s'étaient rencontrées sur le sol de la France, et aussi de l'imperfection de la civilisation de cette époque reculée, n'était pas destinée à durer indéfiniment. Elle devait disparaître, quand des gouvernements locaux, plus fermes et plus énergiques, auraient surgi, en quelque sorte, des entrailles du sol, et remplacé la confusion première. Dès les temps qui précédèrent l'établissement définitif des Normands au milieu de la Neustrie, nous ne saurions douter qu'il ne se fût déjà rencontré, pour cette belle province, à côté des lois ordinaires demeurées personnelles, une série de coutumes plus générales, que les tribunaux appliquaient à tous les habitants sans distinction.

Ces coutumes, à notre estime, devaient nécessairement se rattacher aux trois sources qui vont suivre : les lois romaines, observées dans les Gaules avant l'invasion des Barbares; les lois germaniques, spécialement celles des Francs saliens et ripuaires, apportées par les vainqueurs; enfin les coutumes scandinaves, déposées par les Saxons sur nos côtes normandes. On sait, en effet, que longtemps avant l'époque de Rollon, des pirates, venus par mer à peu près des mêmes contrées qui devaient donner le jour à ce prince et à ses compagnons, avaient formé, parmi nous, des établissements durables. Le territoire de Bayeux, confondu alors avec celui de Caen, est indiqué, dans les cartes de la Gaule au V⁰ siècle parvenues jusqu'à nous, sous la désignation significative de *Saxonia*.

La fondation d'un état indépendant par Rollon, la forte discipline que le premier duc de Normandie fit régner incontinent dans toute la contrée, ne pouvaient manquer de communiquer à ces coutumes générales une consistance nouvelle. Bien vite, elles devinrent la loi dominante de la Normandie entière ; le principe de la personnalité des législations disparut entièrement. C'est là, du reste, une évolution qui n'eut rien de particulier à notre province. L'époque du X⁰ siècle est celle indiquée par tous les historiens du droit français, comme ayant donné naissance aux coutumes de droit civil, qui, durant huit siècles, devaient régir individuellement les provinces diverses de l'ancienne France. L'établissement définitif du régime féodal, en fixant les populations sur le sol, eut pour effet immédiat de créer pour elles des intérêts locaux et permanents, qui se traduisirent par des lois communes à tous les habitants.

Le caractère local, que revêtit, à cette époque, le droit civil, ne fut pas, comme on serait tenté de le croire, particulier au nord de la France. Les provinces du Midi elles-mêmes, connues sous le nom de *pays de droit écrit*, n'avaient conservé l'usage des lois romaines qu'en les modifiant, selon des coutumes spéciales qui variaient pour chacune d'elles. Seulement, comme les hommes d'origine gauloise ou romaine avaient toujours été, dans ces provinces, de beaucoup les plus nombreux, la législation romaine y prévalut sur toute autre source pour former le droit général de la contrée.

Quant à celui qui régit la Normandie sous ses premiers ducs souverains, il ne nous est connu que d'une manière bien imparfaite. Tout porte à croire qu'à côté de principes communs, il s'y rencontrait des variations nombreuses, selon les localités diverses. Ce fut, en effet, une des règles universelles de l'ancien droit coutumier français, que toujours, au sein d'une coutume générale s'appliquant à toute une province, il existait des usages locaux particuliers, régissant certaines parties de celle-ci.

Le grand événement de la conquête de l'Angleterre par le duc Guillaume de Normandie ne put manquer d'imprimer une unité plus grande à ces vieilles lois civiles, dont nous voudrions ressaisir quelques traits. Ce prince et ses successeurs, devenus les maîtres de cette île, dont la destinée devait plus tard être si glorieuse, employèrent évidemment leur autorité, dans leur pays d'origine, à communiquer une forte impulsion à toutes les parties de l'administration de l'Etat.

En ce qui concerne le droit civil, ils paraissent avoir été puissamment secondés, dans ce but, par le Tribunal suprême de la province, cet antique *Echiquier*, d'imposante mémoire, composé des principaux seigneurs ecclésiastiques et laïques du duché de Normandie. L'échiquier n'avait pas de résidence fixe. Cependant, les trois villes de Rouen, Caen et Falaise, étaient celles où, presque toujours, il tenait ses sessions. Encore aujourd'hui, on montre, dans le château de notre ville, une grande salle aux massifs pilliers, qui vit souvent l'auguste Assemblée se réunir à l'ombre de ses murailles.

Le rôle dévolu principalement à l'Echiquier, d'après les textes contemporains, étant de réformer les abus de toute sorte qui pouvaient se produire, il nous paraît certain qu'un des principaux offices de cette Haute-Cour féodale fut d'introduire le plus d'harmonie qu'il était possible au sein des usages divers qui régissaient la province.

Cette tâche, assurément, était des plus ardues. Les coutumes alors n'étaient jamais écrites ; elles étaient confiées à la mémoire des populations soumises à leur empire. Il résultait de là que, dans la plupart des procès importants, pour décider un point de droit contesté, il fallait, préalablement au jugement, constater la législation véritable, par le moyen d'une audition de témoins. Ces dépositions, également usitées en ce temps dans les autres parties de la France, portaient le nom d'*enquêtes par tourbes.* Les magistrats interrogeaient simultanément un très-grand nombre d'habitants dignes de foi, et la loi véritable de la contrée apparaissait ainsi comme sortant du fond même de la population à laquelle elle devait s'appliquer.

La conquête de la Normandie par le roi Philippe-Auguste, en 1205, ne changea pas l'état de choses que nous venons de décrire. La disposition des esprits, à cette époque, opposait des barrières invincibles à l'unification législative et judiciaire des provinces diverses appelées à composer la monarchie française. Un des premiers soins du roi de France, après la dépossession de Jean sans Terre, avait été de confirmer expressément tous les priviléges, toutes les lois nationales de la contrée normande. Ses successeurs renouvelèrent plusieurs fois cette confirmation destinée à rattacher les habitants à la patrie française. L'un d'eux spécialement, le roi Louis le Hutin, en 1315, promulgua cette *charte aux normands,* restée si célèbre, que la Normandie devait considérer jusqu'en 1789, comme le palladium de ses libertés publiques et de ses usages spéciaux.

Mais, précisément, pour mieux préserver ces coutumes nationales qui leur étaient chères, nos compatriotes du XIIIe siècle durent désirer qu'elles fussent fixées par écrit. La renaissance des études juridiques qui s'opérait alors facilitait cette rédaction, sans laquelle la législation civile des provinces françaises les plus voisines eût peut-être détrôné, au moins pour une part importante, celle qui était pratiquée en Normandie.

C'est à ce besoin social que répondit l'apparition du grand Coutumier de Normandie, monument de droit civil et criminel des plus remarquables, dont l'auteur, à notre estime, ne saurait être désigné avec certitude. Il paraît résulter du texte du Coutumier qu'il fut écrit sous le règne de Philippe le Hardi, fils de saint Louis. Le souvenir de l'indépendance nationale était demeuré très-vivace chez les Normands de ce temps. Il est à remarquer, en effet, que le Coutumier, lorsqu'il parle du souverain de la contrée, emploie toujours la vieille qualification de *duc* et jamais celle de *roi*. Il entend manifestement signifier par là que le duché de Normandie, bien qu'annexé depuis longtemps à la couronne de France, se considère comme formant un pays séparé, possédant une autonomie véritable.

Le grand Coutumier de Normandie, œuvre d'un jurisconsulte isolé, ne fut jamais revêtu de sanction officielle. Et, cependant, durant trois siècles, il constitua véritablement la loi municipale de la province pour tout ce qui regardait le droit civil. Aucun genre de popularité ne devait lui manquer. A plusieurs reprises, il fut l'objet de gloses et de commentaires parvenus jusqu'à nous; il fut traduit en latin; il fut même, chose plus singulière, reproduit en entier en vers français.

Le Coutumier tient à la fois de la loi positive et du traité scientifique. Il n'est pas rédigé par articles distincts. Il se compose de cent vingt-cinq chapitres d'inégale longueur. Un grand respect pour les droits sacrés de la religion, un esprit philosophique élevé président à l'ensemble de ses textes. Voici, notamment, dans le chapitre Ier, une définition du droit, que la science actuelle ne saurait manquer de proclamer à peu près dans les mêmes termes :

« Droict est divisé en deux parties ; car l'un est naturel et l'autre estably. Le droit naturel est cil par quoy nous sommes tenus à aimer Dieu et nos prochains et nos parents, et faire à aultrui ce que nous vouldrions que l'en nous fist. Droict estably est ce qui est estably et gardé par hommes pour le profit de l'humain lignage ; et se change en diverses contrées, si comme il fut estably par divers establissements. »

Le temps qui nous presse ne saurait nous permettre d'exposer avec quelques détails ces établissements multiples. Contentons-nous de constater, d'après le Coutumier normand, deux points de législation tout à l'honneur de notre province, à cette époque de son histoire.

Le premier, c'est que déjà, en ce temps, il n'existait plus, parmi nous, de *serfs de la glèbe*, ou esclaves attachés à la terre, situation avilie assez fréquente encore dans beaucoup d'autres parties de la France. Au-dessous des nobles de diverse sorte, comtes, barons, chevaliers, vavasseurs même et francs-sergents, nous trouvons les cultivateurs ou paysans, qui possèdent des tenures *villaines*, obtenues primitivement de la libéralité des seigneurs. Les conditions attachées à la concession de ces terres sont très-diverses, et consistent souvent dans la prestation de services manuels. Mais ces services, si personnels qu'ils paraissent, sont toujours en dehors de la notion fondamentale de l'esclavage. Le vilain qui les doit peut aisément s'en affranchir, en abandonnant la terre à la jouissance de laquelle ils ont été attachés.

La seconde particularité digne de louange que nous voulons signaler dans le Coutumier normand, c'est l'introduction du jury, en matière civile et criminelle, et sa substitution, au moins graduelle, au combat judiciaire, ce mode de procédure barbare, si goûté pourtant de l'époque féodale.

Nous voyons, dans le chapitre LXIX de notre vieux monument, qu'une opinion indulgente, tendant à prévaloir au moment où il fut rédigé, voulait que tout défendeur, provoqué par le gage de bataille de l'adversaire, dans l'un des cas où le combat était admis, fût reçu à décliner ce dernier, en invoquant *l'enquête du pays*, ou jugement par jurés. Seulement on revenait au combat judiciaire, en l'absence d'unanimité de la part des jurés, dont le rôle, en ce temps, était vraiment celui de témoins, connaissant par avance la réalité des faits, à l'occasion desquels le magistrat les interrogeait.

C'est dans cette institution toute normande de l'enquête du pays que se rencontre, à notre estime, l'origine du jury, tel qu'il a toujours existé en Angleterre, où nos aïeux l'avaient transporté. La mission que les jurés anglais remplissent encore aujourd'hui rappelle exactement celle des antiques *jureurs* du Coutumier de Normandie. On sait, en effet, que leur opinion doit être unanime, sans quoi tout verdict de leur part serait estimé impossible. Ajoutons que, si l'accusé, dans un procès criminel, avoue le fait qui lui est imputé, tout en invoquant des circonstances justificatives, les jurés cessent d'être compétents, le fait en lui-même ne pouvant être mis en doute.

Quel que fût l'empire du grand Coutumier tant que la coutume officielle de la Normandie n'avait pas été promulguée, il dut néanmoins se rencontrer, dans son texte, plusieurs dispositions que la désuétude vint abroger, vu leur caractère empreint d'une trop grande rudesse. Rouillé et Terrien, les derniers de ses commentateurs, firent en quelque sorte la part de ces prescriptions vieillies et de celles que comportaient les mœurs du XVIe siècle, époque où leurs ouvrages virent le jour. Ils préparèrent ainsi la rédaction de la coutume dernière, par laquelle il convient de terminer cette étude.

Le roi Charles VII, en 1454, avait prescrit la rédaction par écrit et la promulgation officielle de toutes les coutumes de droit civil ayant cours dans le royaume de France. L'exécution de cette mesure salutaire avait apparu aux conseillers du monarque, comme l'un des moyens à prendre pour ramener l'ordre et l'harmonie dans l'État, profondément troublé par la terrible guerre de Cent-Ans, soutenue contre l'Angleterre. Cependant l'ordonnance de Charles VII devait rester, parmi nous, longtemps à l'état de lettre-morte. Ce fut seulement en 1583, sous le règne de Henri III, que la coutume particulière à la Normandie fut officiellement constatée.

Rien du reste n'avait été négligé pour que cette rédaction écrite reflétât exactement les antiques usages, dont la province ne voulait en rien se départir. Une commission, composée de conseillers d'État et de membres du Parlement de Rouen, se transporta dans les différents bailliages, pour recueillir les dépositions des hommes de loi attestant les coutumes diverses qu'ils avaient toujours vu pratiquer. Munie de ces documents, elle rédigea un projet, dont le Parlement de Normandie d'abord, et plus tard les États de la province reçurent communication. Quand ces formalités imposantes eurent été remplies, la loi civile nationale des Normands fut enfin publiée. Elle se composait de 622 articles, distribués en chapitres distincts.

Promulguée une des dernières, la Coutume définitive de la Normandie, on l'a souvent remarqué, avait mieux conservé que la plupart des autres monuments de ce genre l'esprit germanique et féodal des usages traditionnels, qui régissaient primitivement les diverses contrées de la France. C'est ainsi qu'elle n'admettait pas la communauté de biens entre époux. Comme cela s'était pratiqué autrefois à Paris et en Bretagne, elle se contentait de donner à l'épouse survivante un droit du tiers sur les acquêts faits en commun durant le mariage ; mais ce droit lui était personnel, et ne passait pas à ses héritiers, si elle mourait la première.

A défaut de la communauté, pour protéger les droits des femmes, la Coutume de Normandie avait adopté le régime dotal. Toutefois, ce régime différait singulièrement de celui que consacraient les lois romaines de la dernière époque. Ce qui était inaliénable, parmi nous, c'était la valeur représentative de la dot, et non la dot elle-même. Pourvu que la femme ou ses héritiers, à la dissolution du mariage, retrouvassent la première, les acquéreurs des biens dotaux ne pouvaient jamais être inquiétés.

Dans le siècle qui suivit sa promulgation, la Coutume de Normandie avait été complétée par divers arrêts de règlement rendus par le Parlement de la province, avec approbation du pouvoir royal. On sait que, dans la France ancienne, les Parlements possédaient incontestablement ce droit de compléter les lois civiles, refusé aux cours actuelles. Les deux principaux monuments de ce genre furent, en Normandie, l'arrêt de 1666, connu sous le nom d'*articles placités*, touchant à la plupart des matières du droit civil, et celui de 1673, relatif à l'organisation des tutelles.

Moins de cent ans nous séparent de l'époque où la Coutume de Normandie obtenait, parmi nous, une autorité pleine et respectée. Dans les années qui précédèrent la Révolution française, nul, ce semble, ne songeait à l'abolir pour y substituer des lois civiles d'une physionomie plus moderne. Loin de là, l'opinion publique, dans la province, se prononçait généralement pour le retour aux anciens priviléges. Le respect absolu de la charte aux Normands, le rétablissement des États provinciaux supprimés depuis le règne de Louis XIII : tels sont les vœux que l'on rencontre, avant tous les autres, dans les brochures politiques nombreuses, publiées alors en Normandie.

Aujourd'hui, quel contraste ! A part un petit nombre de jurisconsultes employant leurs méditations à pénétrer les institutions du passé, nul ne connaît les bases essentielles de la Coutume normande. Et parmi ceux-là mêmes qui ont étudié ses dispositions, nul ne souhaiterait la voir revivre pour réglementer les intérêts si graves que les lois civiles ont pour mission de protéger.

Ce changement, si complet des esprits, s'explique aisément par la métamorphose éprouvée par la société française en Normandie, comme dans les autres provinces, à la suite des grands événements qui signalèrent la fin du dernier siècle. Fruit d'une révolution sans exemple dans l'histoire, tant elle a changé profondément les idées et les mœurs d'un grand peuple, le Code civil, écho presque toujours fidèle des tendances modernes de la France, devait faire oublier bien vite une législation inspirée à peu près exclusivement par les exigences du régime féodal aboli sans retour.

Ne citons qu'un exemple de la contrariété radicale des points de vue, servant de bases aux deux monuments de droit civil, que nous entendons rapprocher en ce moment. La publicité des transactions, la sécurité des acquisitions, spécialement de celles qui portent sur des immeubles, constituent aujourd'hui l'un des axiomes les plus essentiels, présidant à la confection des lois. Sous l'empire de ces idées, qui pourrait consentir à voir renaître le secret des hypothèques toujours occultes, la multiplicité des retraits, l'inaliénabilité du douaire et du tiers coutumier, destinés par les inspirateurs de la Coutume normande à maintenir les biens dans les familles, en apportant aux mutations de propriété des obstacles très-souvent insurmontables.

Gardons-nous, cependant, de déprécier ces institutions des temps passés qui, si longtemps, firent la force et l'orgueil de nos aïeux. Elles avaient leur raison supérieure d'exister à l'époque où elles furent créées. Elles se rattachaient à un ordre social dont les avantages doivent être singulièrement appréciés par nous, au sein de la mobilité excessive dont nous sommes les témoins. Quelques-unes d'entre elles, en outre, ont servi de point de départ à des dispositions qui, revêtues d'une forme moderne, rendent à la société contemporaine des services précieux. C'est ainsi que l'adoption du régime dotal, avec faculté d'aliéner la dot moyennant remploi, cette clause des contrats de mariage, excellente à mon sens et si généralement pratiquée autour de nous, a sa racine directe dans le régime matrimonial de la Coutume de Normandie.

Je m'estimerais heureux si cette courte esquisse de l'histoire externe du droit civil de notre antique province devait profiter à la jeunesse de notre École, présente à cette solennité académique. Je voudrais qu'elle contribuât à exciter chez nos élèves le désir de pénétrer l'arcane si plein de problèmes intéressants des institutions de l'ancienne France. Je me tiens pour assuré qu'ils trouveraient dans cette étude, comme je l'ai fait moi-même, des motifs de plus de s'attacher respectueusement au passé de notre patrie, de se pénétrer de cette vérité, à la fois élevée et pratique, que les innovations les meilleures du présent ont toujours leur fondement dans les souvenirs et les exemples des temps qui ne sont plus.

www.ingramcontent.com/pod-product-compliance
Lightning Source LLC
Chambersburg PA
CBHW070428080426
42450CB00030B/1825